Saul Ascher

Bemerkungen über die bürgerliche Verbesserung der Juden

Veranlasst bei der Frage: Soll der Jude Soldat werden?

Saul Ascher

Bemerkungen über die bürgerliche Verbesserung der Juden
Veranlasst bei der Frage: Soll der Jude Soldat werden?

ISBN/EAN: 9783742893222

Hergestellt in Europa, USA, Kanada, Australien, Japan

Cover: Foto ©Suzi / pixelio.de

Manufactured and distributed by brebook publishing software (www.brebook.com)

Saul Ascher

Bemerkungen über die bürgerliche Verbesserung der Juden

Bemerkung

über die

bürgerliche

Verbesserung der Juden

veranlaßt,

bei der Frage:

Soll der Jude Soldat werden?

— quid sit pulcrum, quid turpe, quid vtile, quid non.

HORAT.

1788.

Theuerster Freund!

Ich halte mein Wort und benachrichtige Ihnen von dem was jetzt die Welt und mich vorzüglich beschäftigt. Bei den jetzigen politischen Revolutionen können Sie sich wohl leicht denken, daß die mehrsten neuesten Begebenheiten, die die Aufmerksamkeit des Publikums beschäftigen, auch darauf Bezug haben. Lächeln sie aber nicht, Freund, wenn ich auf den Einfall komme, davon und darüber auch Ihnen etwas mitzutheilen. Der Gegenstand wird auch Ihrem Geiste genung Beschäftigung geben können, so daß ich
ihn

ihn auch Ihrer Aufmerksamkeit nicht unwürdig achte.

Während daß Kaiser Joseph beschäftigt ist, den so äusserst kostbaren Krieg gegen die Türken zu unterhalten, verliert er auch keines von den Mitteln aus den Augen, das ihm seine Staaten, ihm hülfreiche Hand dabei leisten zu können, zu geben vermögen. Unter diesen zieht jetzt vorzüglich die Aufmerksamkeit des Publikums auf sich: die verordnete Rekrutenaushebung unter der jüdischen Nation.

Die verschiedene Zwecke, die Kaiser Joseph, schon seit dem er in Besitz des Thrones ist, zu erreichen suchte, haben so viel Untersuchungen, Betrachtungen und Erläuterungen herausgelockt, daß es wohl ein Wunder wäre, wenn der Zweck dieses in der That wichtigen Schrittes es nicht sollte bewirkt haben. Sobald als nur die öffentliche Blätter jenen Entschluß des Kaisers verkündigten, so waren auch schon allhier alle öffentliche Gesellschaften, alle öffentliche Plätze, und alle Privathäuser, über den Vortheil und Nachtheil, über die wichtige und unwichtige

Fol=

Folgen, die diese Revolution für die jüdische Nation haben könnte, in Gespräch begriffen.

Sie wissen ohnfehlbar, theuerster Freund, daß seitdem der vortrefliche Dohm die Bahn zu einer politischen Spekulation über die bürgerliche Verbesserung der Juden eröfnete, wie viele Federn sich alsobald mit diesem Gegenstande beschäftigten, und wie viele, verstehet sich von selbst, unfruchtbare Ideen darüber am Tage kamen. — Die Schriftstellerei ist in unserm lieben Deutschlande so fruchtbar, daß ein jeder noch so geringfügige Gegenstand sogleich viele Federn in Bewegung setzt. Und diese so geschwind auf einander folgende Erläuterungen, Beurtheilungen, Widerlegungen, verwirren endlich so sehr das lesende Publikum, daß der Faktionsgeist endlich verstummt, und alles unausgemacht bleibt. Dieser letzte Schritt des Kaisers: die unter seinem Schutze stehende Juden auch für seinen jetzigen Krieg nutzbar zu machen, scheint doch aber gar nicht die zauberische Kraft an sich zu haben, die sonst einem solchen Zweige der politischen Spekulation über Juden eigen zu seyn pflegte. Die Ur-

Urtheile, die Meinungen darüber, werden blos in Gesprächen geäussert; allein kein Schriftsteller ist noch erschienen, der mit seinen fruchtbaren Untersuchungen, und Resultaten, ein entscheidendes Urtheil darüber abgelegt, der ausgerüstet mit tüchtigen, dazu gehörigen Kenntnissen untersuchte: die Vortheile, die für die Nation daraus erwachsen, die Folgen, die es auf ihren ganzen Zustand in den kaiserlichen Staaten haben kann, und die Eingriffe, die ihnen in ihre Rechte gethan werden. Da sie sich doch nach einigen nicht mit Unrecht dagegen zu setzen scheinen.

Ohnfehlbar, werther Freund, werden Sie auch in dieser Rücksicht den Gegenstand Ihrer Aufmerksamkeit werth achten. Eine Nation, die zu keinen Pflichten gegen den Staat vorbereitet ist, die noch nicht den völligen Genuß ihrer Freiheiten inne hat, die dem Staate, und der der Staat auf seine vortheilhafte Seite nicht genützt hat, ohne Entwurf, ohne Plan, ja ohne Einvertrag zu einem Stande zu nöthigen, zu dem sie sich aus so vielen Rücksichten nicht überzugehen entschliessen konnte, ist deren Benehmen bei einem solchen

chen erzwungenen Schritt, nicht der Untersuchung werth? Werth, das Für und Wider, das unter der Nation selbst, und unter dem übrigen Publikum noch immer statt findet, durch ein deutliches, auseinandergesetztes Resultat zu entscheiden?

So waren schon einige Wochen vergangen, daß dieser Gegenstand das allgemeine Gespräch war, und ich sahe dennoch täglich einer solchen Schrift, die mir Genüge leisten sollte, vergebens entgegen. Endlich aber, lieber Freund, war mein Wunsch im Frühling seiner Reife. Ein kleines Schriftchen erschien, das häufig gelesen ward, das auch ich las, und — was denken Sie wohl, theurer Freund? — auch ich eben so unzufrieden weglegte, wie ein jeder vernünftige Leser.

In der That, Freund, die Dreustigkeit unserer Afterschriftsteller, wie ich sie nach Ihnen nennen mag, geht zu weit. Die wichtigsten Gegenstände, die die weitläuftigsten Untersuchungen heischen, werden von ihnen wie Ephemeren behandelt. Auf wenigen Seiten glauben sie einen Gegenstand zu berichtigen, den die weitläuftigsten Werke tiefdenkender und gelehrter Männer nicht erschöpfen würden. Was sind die Folgen davon? Man bringt dem gemeinen Mann, für den sie doch nur geschrieben seyn sollen, mangelhafte und daher mißverstandene Begriffe bei. Daraus entstehen schiefe und triviale Urtheile. Und wie oft geräth nicht, wenn der gemeine Mann so belehrt und gestimmt ist, der wohlüberdachteste und planmäßigste Entwurf in Stecken?

Der Aufsatz unsers Verfassers ist von der Art. Er ist schielend, unzweckmäßig und seicht. Sie finden mein Urtheil zu hart? Nun so bitte ich Sie, keine Zeile weiter zu lesen, bis Sie die Schrift, die Sie hier beiliegend erhalten, selbst durchgelesen.

Der Verfasser legt sich die Frage vor: „Soll der Jude Soldat werden?" Allein auf diese Frage, theurer Freund, finde ich keine Beantwortung in der ganzen Schrift. Er beantwortet blos die Frage: „kann der Jude Soldat werden?" und das bejahend. Er beleuchtet seine Antwort durch die jüdische Religion, durch ihre Geschichte, und durch einige Meinungen und Anekdoten von neueren

ren jüdischen Gottesgelehrten. — Ich will die Beweise nicht erhärten. Ich will sie gern das seyn lassen, für was sie der Verfasser ausgiebt, für — neu, und gehe blos auf meinen Zweck zurück, nemlich: daß die Frage und die Beantwortung gar nicht zusammen gehören. Der Verfasser hat blos bewiesen, daß der Jude Soldat seyn kann; allein nicht, daß er es seyn soll. Wie er dies auch selbst sagt: „Aus folgenden Gründen, und einem eingeschalteten Schreiben der Triester Judengemeinde, wollen wir beweisen, daß die Religion der Israeliten gar nicht hindere, in jedem Fall ein nützlicher Bürger des Staats zu seyn."

Wie unzweckmäßig hat er daher nicht seine Frage auch beantwortet? Den Schritt des Kaisers zu rechtfertigen, die Abneigung der Juden dafür zu mißbilligen und zu tadeln, das war sein Zweck, und dieses vermag er dadurch zu bewerkstelligen, wenn er erweist, daß der Jude Soldat seyn kann? Dies hat er nur. Hätte er beweisen wollen, daß der Jude Soldat seyn soll; so hätte er erst entwickeln müssen: wie und auf welche Art soll man Mittel anwenden, um den Juden zum Soldatenstand zu gewöhnen? Dieses folget aber unmittelbar aus dem Satze: daß der Jude Soldat seyn kann. Denn wenn der nicht bejaht wird, so braucht man auf keine Mittel zu denken. Und wer oder was hat ihn, diesen Satz zu beweisen, aufgefodert?

Ein jeder, der sich in der alten Geschichte umgesehen hat, weiß: daß die jüdische Nation allda große Epoche selbst durch ihre gemachte Feldzüge macht, weiß: daß sie diejenige ist, welche uns die vollständigsten Annalen davon, auch von den gleichzeitigen Völkern, mit denen sie in diesen Kriegen verwickelt war, erhalten hat, weiß: daß sie in ihrem Staate damals eine solche Rolle gespielt hat, wie Rom und Griechenland zu seiner Zeit. — Wem doch aber nun ein solcher Gegenstand in etwas interessant ist, weiß doch ohnfehlbar: daß der Jude, vermöge seinen Fundamentalgesetzen, Soldat zu allen Zeiten seyn kann. Und so ist es doch keine Materie, die so im Dunkeln verborgen liegt, und mit der der Verfasser uns mit einer solchen gelehrten Miene bekannt zu machen nöthig

thig hätte. — Mit des Verfassers selbst vorgesetzter Frage hat es seine Richtigkeit, die wäre wohl jetzt zu gehöriger Zeit beantwortet worden, von der wäre ein wohl auseinandergesetztes Resultat willkommen gewesen. Allein es scheint, der Verfasser hat unzweckmäßig schreiben wollen.

Es liegt aber eine Absicht darunter versteckt, weshalb sich unsere Afterschriftsteller so kurz zu fassen pflegen, und ich glaube, sie ohnfehlbar entdeckt zu haben. — Das gemeiniglich Zwecklose, das in dergleichen Brochüren sich findet, verräth, daß ihr Verfasser keine Hauptabsicht dadurch zu erreichen denket; sondern eine bloße Nebenabsicht. Diese sucht er nun oft, um sich nicht zu verrathen, durch wenige Seiten zu erreichen. Das Uebrige überläßt er dem Leser, sich hinzuzudenken. Unbekümmert, ob er den Geist des Lesers auch in seinem Hauptzweck, den er ihm vorspiegelt, befriedigt. Wenn er nur seinen Witz beschäftiget hat, worunter er immer seine Nebenabsicht versteckt; so ist der Autor zufrieden, und der Leser sehr oft — auch.

Mit

Mit unserm Schriftsteller ist dies eben der Fall. Er scheint seinen Hauptzweck mit Absicht verfehlt zu haben, denn er ist schielend und unzweckmäßig behandelt, um einen Nebenzweck zu erreichen, der die lieblose Eigenschaft hat, daß er seicht ist.

Ohne Umschweife sage ich Ihnen, daß sein Zweck war, den jüdischen Rabbinen einige Seitenhiebe zu geben. Was aber durch ein solches Fechterspiel — so muß ich jenes Verfahren nennen — gewonnen wird, welcher Zweck dadurch erreicht wird, das weiß ich nicht. Das weiß ich: daß es entehrend für den Schriftsteller, entehrend für die Nation ist. Das weiß ich: daß allen Entwürfen, allen Versuchen, sie mögen noch so langsam von Statten gehen, kurz allen Vorschlägen dadurch entgegen gearbeitet wird. Das weiß ich: daß Erbitterung, fruchtloser Federkrieg, und Orthodoxie dadurch sich stärker unterhält.

Ich würde nie als Jude die höchste Autorität eines Rabbinen anerkennen; so wenig wie die Lutheraner u. s. w. einen obern Bischoff: allein die Hochachtung und Ehrerbietung, die man ihnen vermöge ihres Standes schul-

schuldig ist, würde ich doch nie aus den
Augen setzen, so lange sie meine Person
nicht verfolgen, über meine Gesinnungen
und Handlungen nicht richten. *)

Was hat nun den Herrn Kling befugt,
die entehrendesten Ausdrücke gegen einen
Stand zu gebrauchen, mit dem er nie scheint
— wie es aus seiner Schrift erhellt — in Collision

---

*) Wer kann es dem Herrn Professor und
Hofrath Herz verdenken, wenn er sich
auch gegen den Berlinischen Oberlandrabbiner erklären sollte, der sich gegen ihn
wegen seiner Schrift, die frühe Beerdigung der Juden betreffend, von demselben
in seinem Bescheide, den er an seine Gemeinde wider diesen Gegenstand ausfer-
tigte, einige Anzüglichkeiten bediente? So
viel weiß ich, und kann ich dem Herrn Professor zur Entschuldigung sagen: daß er
seine Schrift ohne Rücksicht der Delibera-
tion, die die jüdische Gemeinde zu Berlin
wegen der frühen Beerdigung ihrer Todten
halten möchte, angefertigt, und daß es also
den Herrn Professor sehr kränken muß,
wenn er sich von einer solchen wichtigen
Person, wie der Oberlandrabbiner dabei
spielte, ohne Bewußtseyn von Schuld mit
solchen harten Ausdrücken soll begegnet sehen. — Man verargte es aber dem Herrn
Professor, als er in seiner erwähnten
Schrift den Prager Rabbiner so unglim-
pflich behandelte, allein auch hier hatte er
einen Grund dazu gehabt. Den Bannstral,
den

lision gerathen zu seyn? Wer hat ihn dazu berechtiget, einen gewiß so ehrwürdigen Stand so unüberlegt zu behandeln? Etwa weil ihre Grundsätze einer gesunden, aufgeklärten Vernunft widersprechen? Etwa weil sie ihre Meinungen durch gesunde Schlüße zergliedern, ihre Vorurtheile durch Beweisthümer entkräften zu lassen nicht geneigt sind? So mag Herr Kling doch nur die anklagen, die ihrem Geiste und ihrer Denkkraft eine solche Richtung gaben. So mag Herr Kling gegen die appelliren, die ihnen Autorität geben, diese ihre Meinungen zu behaupten, um ihre Gegner, die noch ziemlich schwach sind, damit niederzuschlagen. *b*)

Ueber-

ben erwähnter Rabbiner gegen die Herausgeber der periodisch hebräischen Schrift sowohl als auch gegen ihre Schriften wollte ergehen lassen, wäre auch alsdenn gegen den Herrn Herz, der manchen Beitrag zu dieser Schrift geliefert, gerichtet gewesen: und hatte er daher nicht Ursache, als beleidigter Theil mit harten Ausdrücken seinen Verfolger zu begegnen?

b) Schaftesbury, der vortreflich als Schriftsteller und Denker zugleich ist, macht die vortrefliche Anmerkung: „daß diejenigen, welche das Menschengeschlecht am meisten betrü-

Ueberhaupt spielen die Vorsteher eines Glaubens die schwächste Rolle bei seiner Verbreitung. Es kommt nur alles auf seinen Anhängern an, die von den allzu schwachen Gegnern oft bestärkt werden, so daß diese ihnen endlich nachgeben müssen. Glauben Sie nur, daß die Rabbinen nie in solchem Anse-

betrügen, die glückliche Gabe gehabt haben, sich selbst erst zu betrügen." Wie viele aufgeklärte Rabbiner haben nicht schon gelebt, die erst spät das Licht der Aufklärung entdeckten, und es auszubreiten nicht rathsam fanden, wenn sie sich nicht eben von dem Verfolgungsgeiste wollten beunruhigt sehen, der auch sie einstmals in ihrer ehemaligen Orthodoxie zu mancher Unbilligkeit und Ungerechtigkeit verleitete. Ich könnte nur eines Mannes Erwähnung thun: des Rabbi Israel Moses, der Alles aufopferte, einige Grade von Aufklärung geäussert zu haben. Welche Erniedrigungen und Kränkungen mußte er deshalb erdulden! Welch ein Schlachtopfer wurde er seines aufgeklärten und erleuchteten Verstandes! Ein schleichender Wahnsinn war die Folge seiner Leiden, und dieser die Ursache seines frühen Todes. Ruhe sanft, edelmüthiger Mann! — Könnte ich dir ein kleines Denkmal stiften, das deinen Verdiensten um jüdische Aufklärung gemäß wäre! Oder könnte ich dadurch einen deiner Schüler aufmuntern, uns näher mit deinen großen Verdiensten bekannt zu machen!

Ansehen stehen würden, wenn die Anhänglichkeit ihrer Glaubensgenossen an ihnen nicht so stark wäre. Herr Kling mag vielleicht nicht davon unterrichtet seyn, allein ich bin es. — Sie wissen es, werther Freund, daß, seitdem Dohm über Juden geschrieben, ich sehr aufmerksam und fleißig den Charakter dieser Nation studirt habe. Ich mißbillige das Verfahren ihrer Rabbinen nicht, weil ihnen der Weg zur Aufklärung nie gebahnt war. Ich mißbillige das Verfahren ihrer Anhänger auch nicht, die nie aufgeklärt waren. Allein das Betragen ihrer Gegner mißbillige ich. Man sollte doch denken, daß, da wo Vernunftgründe und einleuchtende Beweise nicht geltend gemacht werden, ein eifernder Haß, eine dem Gegner kränkende Sprache ganz und gar fruchtlos ist. Zum wenigsten sollten doch diese Männer, die aufgeklärt seyn wollen, und die gewiß auch auf manche Kenntnisse stolz seyn können, sich Beispiele an andern dergleichen Begebenheiten genommen haben; sollten sich aus der Geschichte belehrt haben, daß mancher große und überlegene Anhang für ein neues System fruchtlose Mühe anwendete, viel weniger

wird

ein so kleiner Anhang etwas durchzuſetzen vermögend ſeyn, der eine ſo große Nation zu überwinden hat. Sie ſollten ihre Schwächlichkeit fühlen, und andere Mittel gebrauchen, die vielleicht wirkſamer und bequemer zu ihrem Vorhaben ſind, als alle ihre ſchon angewandte. ⁵) Doch ich breche hier von einer Materie ab, über die ich mit Ihnen ſchon hinlänglich mündlich geſchwatzt habe. Daß alſo mein Schriftſteller auch ſeinen

⁵) Die verſchiedenen Verſuche, die eine Geſellſchaft junger Männer für die gute Sache der Aufklärung, unter der jüdiſchen Nation macht, halte ich für ſo unwirkſam, daß ich mir davon nicht die geringſten Folgen verſpreche. Ihre Schriften werden von denen geleſen, die aufgeklärt ſchon ſind, allein nicht von denen, die es erſt werden ſollen. Man ſcheuet ihre Schriften da wie die Peſt, man würdigt ſie nicht eines Anblicks, wo man jene Folgen wittert. Als ich jüngſthin einmal wegen ſolcher Schriften mit einem ſonſt vernünftigen, jedoch orthodoxen Mann in Geſpräch kam, frug ich ihn, ob er eine gewiſſe Schrift der Art, die eben Senſation machte, geleſen hätte? Sehr naiv gab er mir zur Antwort: „Ich komme nie auf den Einfall, dergleichen Schriften zu leſen, weil ich weiß, daß die Verfaſſer ihre Abſicht bei mir nicht erreichen werden.“ —

B

seinen Gegenstand seicht behandelt hat, sehen Sie hieraus: ihm fehlet richtige Kenn[tniß] des Standes selbst, den er angegriffen, un[d] auch richtige Einsicht von dem Verhält[niß] der jüdischen Nation zu diesem Stande. Abe[r] das scheint er mir nicht zu verkennen: d[ie] Schwäche, nemlich der Aufklärer der jü[di]schen Nation, und er mag vielleicht die [sel]bige selbst auch allzu sehr gefühlt haben. Zum wenigsten verräth er in der Art, wie er sich der Waffen bedient, um den Ueberwinder spielen zu wollen, sowohl seine Schwäche in Kenntniß der Umstände selbst, als auch den Mangel seines richtigen Beobachtungsgeistes.

Sie vermutheten ohne Zweifel in mir nicht einen solchen entrüsteten Kunstrichter? Allein die Sache ist zu wichtig, und ist nur von Herrn Kling so geringfügig behandelt worden, daß der, welcher die Schrift selbst nicht gelesen hat, in meiner Beurtheilung etwas zu viel Bitterkeit finden wird, allein gewiß der nicht, der sie gelesen hat. — Ich muß Ihnen gestehen, daß ich gar nicht die Ehre habe, den Herrn Kling unmittelbar oder auch nur mittelbar zu kennen. Er und
seine

seine Schrift ist mir ein Räthsel. Allein das versichere ich Sie, daß ich für den Herrn Kling als rechtschaffenen Mann die größte Hochachtung und Ehrerbietung habe, nur als Verfasser dieser Schrift verdient er ohne Zweifel meinen bittersten Tadel.

Herr Kling war aber wirklich derjenige, der meiner schon beinahe ermüdeten Erwartung, ein richtig aus einander gesetztes Urtheil über den Schritt des Kaisers zu lesen, völlig den letzten Stoß gab. Ich fing daher nach meinem kleinen Horizont von Kenntnissen an, die ganze Frage näher in Betrachtung zu ziehen. Ich erwog die verschiedenen Verhältnisse der jüdischen Nation gegen ihren Regenten und gegen das allgemeine Interesse des Staats, und da fand ich ein ganz anderes Resultat, von welchem Herr Kling nicht das geringste ahndete. — Ich fand den Schritt des Kaisers unbillig, nachtheilig und zwecklos.

Der Kaiser will der jüdischen Nation ihre bisher ihnen vorenthaltene Rechte der Menschheit wieder schenken. Er will ihnen den Genuß, dessen sich ein jeder seiner andern

Unter-

Unterthanen in seinen weitläuftigen Staaten zu erfreuen hat, auch zu Theil werden lassen. Er will auch unter ihnen das gegenseitige Verhältniß, das zwischen dem Staate und seinen Vasallen so fruchtbar und nützlich ist, herstellen. Ich will beweisen, daß dieser neue Schritt des Kaisers, ob er gleich unfehlbar aus guter Absicht geschehen, weder die Rechte der Menschheit handhabt, weder harmonirend mit dem Genusse der jüdischen Nation am Interesse des Staats ist, noch ihr bey allen bisher ihr eingeräumten Rechten eine solche Pflicht aufgelegt werden kann.

Der Kaiser, der in allen seinen Staaten das Licht der Aufklärung anzünden will, will auch der jüdischen Nation heilsame Strahlen davon angedeihen lassen. Er will ihnen richtige Begriffe von Moral, Religion und Staat beybringen lassen. Er will auch sie den Tiefen der Unwissenheit entreissen. Seine mannichfaltigen Verordnungen deshalb lassen die besten Früchte verhoffen. Allein behaupten kann ich: daß vorerwähnter Schritt des Kaisers alle diese Hoffnungen, die so heilsam sind, und die dem Zwecke dieses

raschen

rischen Schrides auch mit der Zeit vorgekommen wären, vereiteln wird. Behaupten kann ich, daß dieser errungene aufgeklärte Schritt den ganzen Plan zur Aufklärung der jüdischen Nation untergräbt.

Die Absichten des Kaisers sind: ein jedes Glied seines Staats so nützlich und vortheilhaft für das Ganze zu bilden, als nur möglich. Ein jeder noch so geringfügiger Stand soll seinen Beitrag zur Vollkommenheit des Systems entgelten. Man sieht es eines Theils schon, wie er diese Absichten ausgeführt hat, indem er seinen entfernten Staaten, die roh und ungebildet sich selbst überlassen waren, auch seine heilsame Verordnungen zu Theil werden ließ. Die Juden, ein Volk, das er unterdrückt, verachtet, so häufig in seinen Staaten angesetzt fand, will er daher auch zu guten Bürgern und nützlichen Gliedern der Gesellschaft machen. Er gesteht ihnen bürgerliche Freiheiten ein, deren folgenden Genuß sie ihm durch ein Interesse, das sie an seinem Staate nehmen werden, entgelten sollen. Ich zeigte aber, daß der Schritt des Kaisers alle seine Absicht vereiteln, daß er seine gute Abſichten, ſo in ſeinem Staate ſo vollkommen zu bilden, als möglich, dadurch weit hinausgeſetzt ſehen, kurz, daß er ſeinen ganzen Zweck nicht erreichen wird.

Sie, mein Theurer, werden nun ſchon ſehen können, aus welchem Geſichtspunkte ich die Frage: „Soll der Jude Soldat werden?" betrachte.

1. Ob der Kaiſer eine ſolche Pflicht von den Juden fodern kann?

2. Ob es für die jüdiſche Nation, in Rückſicht auf ihre vorgefaßte Meinungen und Vorurtheile, nützlich wäre, ſie zu dieſer Pflicht zu zwingen?

3. Ob daraus eine wirkliche Reforme für ihren Zuſtand und ihre ganze Denkungsart zu erwarten wäre?

Ich werde freilich etwas weitläuftiger ſeyn müſſen, als Herr Kling, allein, ich weiß, daß ich deſto eher auf ihren Beifall rechnen kann. Sie werden ſich noch weitläuftiger über dieſe Materie erklären können, und

und aus eben dem Grunde befürchte ich nicht, zu weitläuftig zu seyn.

Der Kaiser ist in seinem Verfahren gegen die Juden unbillig. Kann er von ihnen eine Pflicht fodern, die er mit so vielem Rechte von seinen übrigen Unterthanen fodern kann? Hat er sich den Juden schon so verpflichtet, als seinen übrigen Unterthanen? Ist den Juden durch seine Staaten je der Vortheil zugeflossen, als er es seinen übrigen Unterthanen ist? Alle diese Fragen wird man nur mit Nein! beantworten müssen.

Ich kenne keine Pflicht in der Welt, die völlig so isolirt ist, daß sie nicht durch eine gegenseitige unterhalten wird. Man nenne mir eine! Zum wenigsten brauche ich mich hier nicht so ins Detail einzulassen, um gerade behaupten zu können, daß ein Regent sich dem Staate verpflichtet haben muß, wenn dieser ihm auch verpflichtet seyn soll. Die Wohlthaten, die ein Regent in Friedenszeiten durch seine weise Anordnungen, kluge Vorschläge und ökonomische Einrichtungen seinen Unterthanen zufließen läßt, verpflichten ihm auch dieselben in Zeiten, wo man

man blos seine Person, ich will nicht sagen, den Unterthanen selbst, Eingriffe in seine Rechte thun, seine Macht einschränken, oder seinen Stand kränken will. Von allen diesen, ist den Juden bisher noch wenig zu Theil worden. Der Kaiser hat sich noch gegen sie in Friedenszeiten nicht so verpflichtet, daß er in Kriegeszeiten von ihnen eine Pflicht, wie von seinen übrigen Unterthanen, fodern kann.

Das Gegentheil aber, daß Unterthanen sich einem Regenten verpflichten sollen, ist eine Foderung, die billig ist, der aber sehr selten gewillfahrt wird. Sehr wenige Beyspiele wird man mir in der Geschichte deshalb aufweisen. Wenige Regenten haben sich bei ihrem Volke sogleich in Ansehen setzen können, daß es sich ihnen zuerst hätte verpflichten sollen. Diese Erfahrung ist aber nicht blos politisch wahr, sondern ist eine längst gemachte Beobachtung in der menschlichen Natur: daß wir einem Stärkern auf immer verbindlicher sind, wenn er sich uns erst verpflichtet hat; so wie wir hingegen die Verbindlichkeiten, die wir einem schuldig sind,

dem

dem wir uns gleich stark achten, bald ver-
geſſen. d)

Es giebt nun Fälle, wo das Volk, ohne
den Genuß einer wohlthätigen Regierung,
ſich im Vertrauen auf ſeinen Monarchen gegen ſeine Nachbaren rüſtet, allein dann be-
trift es mehrentheils ſeine eigenen Vortheile.
Es fühlte einen Eingriff in ihre Rechte. Patriotismus iſt der Aufruf zum Kriege, und
ſogleich iſt alles bereit, ſein Blut und Gut
nicht für ſeinen Monarchen, ſondern für
die Rechte, die es mit ſeinem Monarchen zu
theilen glaubt, aufzuopfern. Vaterland!
iſt das Loſungswort zum Untergang ganzer
Nationen.

Patriotismus — Vaterland — wie wenig kennt der Jude den Werth, den dieſe

Wor-

---

d) Home macht auch in ſeinen vortreflichen
Grundſätzen der Kritik die ſehr feine Beobachtung, daß ſich immer die Zuneigung von
einer Seite abwärts verſtärkt, ſo wie ſie
ſich umgekehrt wieder ſchwächt. Der Va-
ter, ſetzt er hinzu, hat zu ſeinem Kinde
mehr Liebe, als das Kind gegen den Va-
ter. Dieſe Beobachtung iſt ſo fruchtbar,
daß ſich im Felde einer populären Moral-
theologie ſehr fruchtbare Reſultate daraus
ziehen laſſen.

Worte in dem Munde eines jeden Bürgers des Staats haben, wie wenig wirken sie auf ihn? Welches ist das Vaterland eines Juden? Wo genießt er die Rechte der Menschheit, um das Gefühl für jene Worte auch schliessend in seinem Herzen zu tragen, um nicht Begriffen Raum zu lassen, die dieses wieder erkalten? Ich kannte es nicht.

"Der Jude lebt im politischen Staate isolirt. Er kennt keine weitere Rechte, als die, das Mein und Dein. Daher giebt es wohl rechtschaffene Juden, allein keine nützliche. Man duldet sie als einen Schandfleck an dem Körper, und weil dieser Schade wenig schmerzt; so wendet man auch nicht viel an, um ihn gar auszurotten.

Der Einvertrag der Regenten mit den Juden, bei ihrer Aufnahme in ihren Staaten, war von der Art — gegen die stipulirte Pflichten, die wir euch leisten wollen, seyd ihr verpflichtet, uns auch gewisse stipulirte Pflichten zu halten. Ein solcher Einvertrag nun, oder, wie man weiß, bisher mit den Juden gehalten ward, schreibt beiden Theilen eine Gränzlinie vor, die der eine Theil

nicht

nicht übertreten will, und der andere zu übertreten nicht vermag. — In diesem Verhältnisse beider Theile gegen einander liegen noch einige verborgen.

Die Nation kann, wenn ihr von ihrem Regenten die Erlaubniß ertheilt wird, die stipulirten Pflichten gegen ihn zu erweitern, darauf bestehen, auch die seinigen dagegen zu erweitern, oder auf allem Verzicht thun, was nicht mit ihren alten Einverträgen übereinstimmt. — Der Regent hat mit der jüdischen Nation nur einen Vertrag geschlossen; und beide Theile sind daher berechtiget, auf dem Inhalt desselben zu bestehen, oder ihn zu erweitern. Ich wiederhole es nochmals: den Vertrag, den ein Regent mit den Juden geschlossen, kann er sich nicht berechtigen, ohne ihre Einwilligung zu erweitern. Denn, was ist ein Vertrag? der Inhalt gewisser Pflichten, den zwei oder mehrere Theile gegenseitig halten wollen. Versucht es nun der eine Theil, gewisse Pflichten, auffer den im Vertrage erwähnten, ihm zu leisten, um den andern Theil auch ausserdem zu gewissen Pflichten zu verbinden; so ist es eben so gut, als

als wenn er gewisse Pflichten des Vertrags
nicht hält, um dem gegenseitigen Theil, auch
seine Pflichten zu vergessen, Gelegenheit zu
geben.

Wenn nun aber der Jude, sowohl in
Rücksicht seines Regenten, als des Staats,
wie wir vorher gezeigt haben, nicht schuldig
ist, sich eben so zu verpflichten, als ein jeder
anderer Bürger; so braucht er es ganz und
gar nicht, vermöge des Vertrags, den er mit
der obersten Macht eines Staats eingegan-
gen ist,

Den Vertrag nun, den die kaiserliche
Regierung mit der jüdischen Nation einge-
gangen, verpflichtet sie ganz und gar nicht
zu einer Schuldigkeit, die Kaiser Joseph erst
dadurch, daß er glaubt, sich ihnen verpflichtet zu haben, ihnen auflegen will, und dies
aus zweien Gründen. Die jetzigen Juden
können erstens behaupten: wir leisten dem
Kaiser die Pflichten, zu welchen wir uns in
unserm Vertrage verbindlich gemacht. Daß
er uns nun zu mehreren Pflichten verbindlich machen will, hebt unsern ganzen Con-
trakt auf. Die Folgen, die hieraus entstehen

ben können, wollen wir nur darinn setzen:
daß das Verhältniß der Pflichten sein Gleichgewicht durch Ueberschreitung des Vertrags,
und noch nicht wirklicher Genuß anderer bürgerlichen Rechte verlieren kann. Ein solcher
Umstand kann für uns sehr gefährlich seyn,
und Sklaverei, Despotismus, und gänzliche Unterdrückung können die Folgen davon
seyn. So verbindlich sich aber, können sie
zweitens behaupten, auch der Kaiser gegen
uns gemacht zu haben glaubt; so können wir
dennoch nicht dasselbe behaupten. Daß er
unsere Verträge aufgehoben, uns die Rechte
seiner andern Unterthanen geschenkt, ist eine
Frucht, die wir nicht genießen. — Eine andere Beschaffenheit hat es mit diesen Rechten
für unsere Kinder. Sie werden sie genies-
sen. Gegen sie wird er sich wirklich verpflichtet haben, und sie werden auch ihm
mehrere Pflichten schuldig seyn. Allein wir
kennen keine Pflichten, die wir ihm schuldig
sind. Würden wir sie ihm leisten, so würde nicht allein das gegenseitige Gleichgewicht
aufgehoben werden, sondern wir würden es
auch vielleicht für unsere Kinder aufheben. —
Ein Glück, dessen Daseyn wir nicht genies-
sen,

sen, ist für uns nicht da. Da wir uns auch noch nicht der bürgerlichen Rechte erfreuen, aus Ursachen, die in unserer alten Constitution liegen, und die ohne ein planmäßiges Mittel nicht so leicht eingeführt werden können, so würden wir eben die Folgen zu befürchten haben, die wir, wenn wir unsern Vertrag überschreiten, zu fürchten haben. Ein Plan, oder Entwurf, kann da nur angewendet oder ausgeführt werden, wo ein anderer noch nicht das Uebergewicht in allen Fällen hat, wo man nicht für einen andern allzu eingenommen ist. Wir unser Seits sind in unserm Systeme grau geworden. Wir haben uns blos an Pflichten gewöhnt, die sich mit jenem vertragen; und man thut uns Gewalt, wenn man uns andere auflegen will, die unserm Systeme zuwider sind, und an unserer zeitlichen Ruhe nagen.

Ein solches Raisonnement gegen einen Kaiser Joseph geführt, der Menschenkenner und Freund zugleich ist, sollte so unwirksam seyn? Solche überzeugende Gründe, wie diese sind, welche beweisen, daß der jetzige Jude weder schuldig ist gegen seinen Regenten

als

als Unterthan, noch gegen den Staat als Patriot, ja sogar daß er nicht, vermöge seines eingegangenen Vertrags, sich nachtheiliger Weise seine Pflichten zu erweitern nöthig hat. Solche überzeugende Gründe sollten nicht wirken? Das ist mir unglaublich.

Man hat dem Kaiser nun zwar Vorstellungen gegen seinen Vorsatz, auch seine jüdische Unterthanen im Kriege zu nützen, gemacht; allein sie waren freilich von der Art, daß sie beiden Theilen nicht Genüge leisteten. Wenn Vorstellungen gemacht werden sollen, so muß man sie so einrichten, daß sie Eingang bei demjenigen finden, dem sie gemacht werden. Ich behaupte deshalb nicht, daß sie denselben gleich auch von seinem Vorsatz abwenden müssen. Vorstellungen können jemanden sehr einleuchtend seyn, sie können bei ihm das völlige Uebergewicht haben, das gute Gründe haben können, allein keine Wirkung auf seinen Willen haben. Vorstellungen müssen dem Inhalte nach stets der Denkungsart desjenigen angemessen seyn, an den sie gerichtet sind. Denn, haben sie nicht diese Eigenschaft, so machen sie keinen Eindruck

druck auf seinen Verstand, und so trift sich nie die Gelegenheit, einen Eindruck auf sein Herz zu machen. Gemeiniglich ist dies aber der Fehler der meisten Vorstellungen. Sie sind immer nach der Denkungsart derjenigen abgefaßt, die sie machen, und die Bescheide darauf stehen immer mit ihnen daher in dem sonderbarsten Contrast.

Mit den Vorstellungen der Galizischen Judengemeinde an den Kaiser scheint dies auch der Fall gewesen zu seyn. Die Denkungsart dieser Gemeinde läßt sich von selbsten denken. Menschen, zu denen nie das Licht der Aufklärung drang, unter denen nie geläuterte Begriffe der Vernunft sind verbreitet worden, sondern die blos auf ungegründeter und fester Anhänglichkeit an ihrem alten Systeme bestehen, die auf Orthodoxie und festen Glauben, selbst beim Anblick der Tortur, unerschüttert bleiben; man denke sich nun, welche Begriffe sich in dem Gehirne solcher Menschen bilden müssen; und die erdreisten sich, einem aufgeklärten, erhabenen und mächtigen Kaiser Joseph eine Vorstellung zu machen! Und über einen Gegenstand,

stand, in welchem er allein so oft Proben seines tiefen Scharfblickes gegeben hat! — Ein Schritt, der unerhört und unverzeihlich ist.

Einen Mann hätten sie sich wählen sollen, der in sich aufgeklärte Begriffe mit fruchtbaren Raisonnements vereinigt. Der hätte dem Kaiser durch eine Vorstellung Gründe vorgelegt, denen er hätte Gehör geben müssen, und die ihn vielleicht von seinem Vorsatze abgebracht hätten. — Allein leider sieht es bei diesen und bei den mehresten Juden so finster aus, daß sie einen jeden Mann von Aufklärung von sich weisen. Sie glauben, sich in diesem Zeitalter selbst genung zu seyn, allein sie irren sich wahrlich. Vor keinen Angriffen, welchen sie sowohl jetzt ausgesetzt sind, und die sie noch gewiß zu befürchten haben, werden sie sich nicht mit ihren Einsichten retten können. Sie hintergehen sich selbst. Das neue System, wozu sie der Kaiser zwingen will, suchen sie mit solchen elenden Gründen von sich zu stossen, daß der Kaiser wirksamere Mittel anzuwenden sich genöthigt sieht. Und das erste war
viel-

vielleicht: eine förmliche Rekrutenaushebung unter ihnen anstellen zu lassen.

Man weiß, wie langsam das Licht der Aufklärung selbst unter den geläuterten Lutheranern u. s. w. sich überall verbreitet, und hofft es um so geschwinder unter einer Nation auszubreiten, von der bei weitem der größte Theil noch ächte Anhänger des beschwerlichsten Judenthums sind? — Eine allzustarke Flamme verblendet das Auge, so ist es auch mit der Aufklärung, wo sie allzuschnell verbreitet wird, verwirrt sie noch mehr. Sie verursacht dem Menschen die heftigsten Convulsionen im Kopf und Herzen. Dort sind neue Begriffe, mit welchen er sich beschäftiget, hier sind alte Vorurtheile, die ihn beunruhigen. Dieser innere Streit zwischen Vernunft und Leidenschaft hat die gefährlichsten Folgen, und setzt endlich den Mensch ganz ausser Bewußtseyn. Er geräth in Aufruhr oder in Fühllosigkeit. Und welche üble Folgen stehen nicht von beiden Extremen zu erwarten?

Es läßt sich auch so etwas von den heutigen Juden erwarten. Schon die Galizische

sche Judenschaft soll, wie man mir erzählt, beim Kaiser um die Erlaubniß eines freien Auszugs aus seinen Landen angehalten haben. e) Ein Schritt, den der höchste Grad der Verzweifelung billigen konnte. Wissen Sie aber auch, was ihnen der große Joseph zur Antwort soll gegeben haben? „Ohnmöglich kann ich euch als Erbtheil von meiner Mutter fahren lassen." f)

e) In jeder Kaiserstadt, wo Juden wohnen, empören sie sich gegen die kaiserliche Verordnung. In Böhmen hat man schon verschiedene Jünglinge wohlhabender Eltern als Emigranten an verschiedenen Orten angetroffen. Bekömmt man sie auf ihrer Flucht, so müssen sie oder ihre Eltern 30 Fl. zahlen, und haben sie solche nicht zu erlegen, so zieht man sie zur Regimentsstrafe.

f) Die Antwort des Kaisers, für deren Authenticität ich zwar nicht stehe, ist doch aber sehr auffallend, und läßt sich aus meinem Raisonnement sehr wohl erläutern. Der Kaiser will nun schon keine Contrakte mehr kennen, die er mit den Juden geschlossen. Er will sie ganz und gar vergessen, der guten Sache gewiß, die er auszuführen denkt. Allein die Denkungsart der Juden ist noch die alte. Sie denken noch immer an das zurück, was sie einst besaßen, der Eindruck davon ist bei ihnen noch stark.

Die armen Leute sind zu bedauern. Man will in ihr Gehirn eine Reihe von Ideen hereinschrauben, die mit dem Ganzen ihres Ideensystems gar nicht zusammenpaßt. Der Kaiser hätte sich doch nur immer begnügen sollen, der Jugend gute Begriffe und Ideen mit aller Strenge beizubringen, und den Alten hingegen ihren Schlendrian beibehalten lassen. Ich befürchte, der Schritt des Kaisers wird bei der Jugend eben so unwirksam seyn, als er es bei ihren Eltern ist, und ich fürchte, der widrige Eindruck, den er im Gegentheile auf die Eltern macht, wird sich auch der Jugend mittheilen.

Und sollte er es nicht? Ich behaupte, auch bei der jetzigen jüdischen Jugend muß dieser Schritt einen solchen Eindruck machen, als bei ihren Eltern. Die Gründe sollen Sie hören. Erst muß ich aber etwas von einer Begebenheit erwähnen, von der es Herrn Kling beliebte, seinen Lesern eine authentische Nachricht zu geben.

Die Triester Judengemeinde, die ein Gegenschreiben an der Galizischen ergehen ließ, hat wirklich damit eine solche Sensation erregt, daß ich auch nicht umhin kann, Ihnen die unbesonnene Seite ihres Schrittes vor Augen zu legen. Wenn man die Denkungsart, die sich in ihrem Schreiben verräth, mit der Galizischen vergleichet, so macht sie gegen diese den sonderbarsten Contrast, den man sich je gedacht hat. — Dort sind religiöse Gründe dargestellt, die die Juden überreden sollen, an dem Kriege, wie jeder Unterthan, trotz aller Schwierigkeiten, die ihnen ihr Glaube entgegensetzt, Theil zu nehmen. Hier sind religiöse Gründe beigebracht, die freilich nur von den Schwierigkeiten, die der jüdische Glaube ihnen in den Weg legt, hergenommen sind, die ihnen nicht erlauben, am Schicksale des Vaterlandes solchen Antheil, wie jeder andere Unterthan, zu nehmen.

Auf beiden Seiten höre ich Juden, und zwar unterdrückte Juden, die unter der Last ihrer Leiden und Drangsale erliegen. Der Unterschied ist nur: jene greifen mit Vergnügen nach den Mitteln, die ihnen, sich davon zu befreien, gereicht werden, allein diese finden Bedenklichkeiten, die sie noch mißtrauisch gegen jene Mittel machen.

Die Triester Judengemeinde spielt aber dabei die unbesonneste Rolle von der Welt, und verdient eben so wegen ihres irrgeleiteten guten Willens bedauert zu werden, als die Galizische. Letztere, so Verzicht sie auch auf allen Vortheilen, die der Kaiser ihnen eingeräumt, thun; so empfinden sie lange noch nicht die Last, die sie drückt. In völliger Anhänglichkeit an dem so beschwerlichen Judenthum vertrauen sie sich gänzlich der großen Verheissung der ewigen Glückseligkeit und einstmaliger Erlösung, die ihnen von ihren Propheten und Talmudisten gethan worden. In dieser Rücksicht opfern sie nach ihrer Meinung eine kurze Glückseligkeit einer dauerhäftern auf. Ein anders ist es mit der Triester Judengemeinde, diese scheint mir aus Männern zu bestehen, die nicht so sehr dem Judenthume anhängen, die überhaupt ihre dermalige Glückseligkeit mit ihrer zukünftig ewigen sehr gut zu vereinigen verstehn. Bei solcher Einsicht, bei solcher Aufgeklärtheit läßt es sich von selbsten denken, daß sie ein jedes Mittel dazu ohne Widerrede annehmen werden. Allein da ich doch schon aufgeklärte Leute vor mir zu haben glaube; so

so wöllte ich sie wohl fragen: „Lieben Leute! Glaubt ihr auch, daß ihr eure zeitliche Glückseligkeit durch einen Schritt befördert, zu dem der Kaiser euch, wie ihr zwar glaubet, auffodert, allein ich behaupte, unbilliger Weise zwingt?

Das ist die unbesonnene Seite Ihres Schrittes, den sie begehen wollen, oder vielleicht schon begangen haben. Es ist ein bloßer Irrthum, den ihnen wohl ihre aufgeklärten Begriffe an die Hand geben konnten, den aber vernünftige Gründe nie billigen können und dürfen, und dies will ich beweisen. Nach dem, was ich vorher festgesetzt, im Betreff der Pflichten, die ein Unterthan dem Regenten oder dem Staate schuldig ist, können die jetzige Juden gar nicht schuldig seyn, es sey in der Zeit des Vertrags, oder dessen Aufhebung, dem Kaiser die Pflichten zu leisten, die ihm seine Unterthanen leisteten. Dadurch nun aber, daß der Kaiser gesucht, sich ihnen, vermöge einer Vorspiegelung, verpflichtet zu machen, indem er ihnen alle bürgerliche Freiheiten geschenkt, hat er ihnen gewisse Rechte geraubt, die ein jeder Ansaß

C 4   oder

oder Kolonist stets genießt. Diese Rechte beruhen auf dem, was wir auch festgesetzt, daß der Regent oder Staat keine Pflicht eher von einem Unterthan fodern kann, bis sich der Staat oder der Regent gegen ihn auf gewisse Art verpflichtet hat. g)

Der Kaiser nun, da er seine Juden nicht als Ansäßige betrachtet, so hat er sie unter der Fahne des Staats zu Bürger schlagen lassen. Er fodert nun von ihnen eben die Pflichten, als von jedem seiner übrigen Unterthanen, weil er ihnen hinlänglich glaubt vorgespiegelt zu haben: daß er sich ihnen eben schon so verpflichtet hat, als seinen übri-

g) Den Kolonisten, die Friedrich der Große in so großer Menge in sein Land zog, wurden gewisse Vortheile eingerdumt. — 1) Waren sie auf gewisse Zeit von allen Abgaben befreiet. 2) Wurde ihnen Oekonomiegerdth frei ertheilt, ein Haus gebaut u. m. dergl. 3) Waren sie und ihre Kinder von Kriegesdiensten befreiet. Außer diejenigen, die erst bei ihrer Ansetzung in den Preußischen Staaten geboren wurden. — Auch der Kaiser, auf diesen Vortheil für seine Länder bedacht, hat den Genfer Emigranten, die sich zu Kostnitz colonisirten, noch größere Vortheile eingerdumt. d. Muſ. M. Juli 1786.

übrigen Unterthanen. Wenn dies die Juden gleich eingesehen hätten; so hätten sie auch diesem Schritte vorkommen können, der noch größere Folgen haben kann, wie wir sehen werden.

Nun kommen aber die Triester Juden, und bieten dem Kaiser die Hand zu seinem Vorhaben. Sie geben sich nicht als Ansaßen, sondern als wirkliche Bürger und Unterthanen des Staates aus; nicht als solche, die in Elend und Schmach ihre vorige Generationen allda vorbrachten; sondern als solche, die auf der höchsten Stufe des Genusses aller bürgerlichen Glückseligkeit sind.

Das hätten sie seyn müssen, sonst hätten sie nicht einen solchen Schritt thun dürfen. Dennoch haben sie ihn gethan. Wer hat aber je etwas Unbesonneners gehört? Sie hätten doch nur, ausser den Folgen davon, die ich bald erwähnen werde, und welche auch für sie gefährlich sind, erwägen sollen: daß der ganzen jetzigen Judenschaft ihre zeitliche Glückseligkeit geraubt wird. Wenn sie aufgeklärt genung sind, wie ich es doch noch nicht

nicht, wie sie in ihrem Anschreiben sich äus‍sern, bei ihnen durchgängig dafür halte; ja sogar vermuthe ich, daß es noch fern ist, daß die Stimme des größten Theils der Gemeinde darin übereinkommt, sich zu einem solchen Schritt zu bequemen, so hätten sie ihr kleines Gewicht bei dem großen, das die Juden in den mehrsten kaiserlichen Staaten dagegen halten, nicht in die Schaale legen sollen, um, wie es scheint, dem Kaiser einen solchen blinden Gehorsam anzubieten, den dieser große Monarch gar nicht billigen kann, er, der nur vernünftigen Gehorsam heischt.

Vernünftige Gründe, die hier nur vorgebracht werden sollen, können und dürfen also den Schritt der Triester Juden nicht billigen. Eigentlich vernünftige Gründe sind hier solche, die entblößt von einer jeden vorgefaßten Meinung, entblößt von einem jeden sittlichen Bewegungsgrund, nur zurückgeführt auf die einfachsten Gesetze des natürlichen Rechts das ihrige thun müssen, und diese dürfen nie, ich wiederhole es, den Schritt der Triester Juden billigen.

Der

Der Kaiser will unter den Juden, die sich in so großer Zahl in seinen Staaten aufhalten, eine Rekrutenaushebung veranstalten.") Was heißt das allgemein? Ein Regent will eine vorgefundene Kolonie zu einem gewißen Stande bequemen. Die Judenschaft ist blos beim Kaiser eine erst vorgefundene Kolonie, sie sind mit ihm und dem Staate im geringsten nicht in dem Verhältniß gestanden, in das sie jetzt versetzt seyn sollen. Wohl! — Welches Recht hat nun ein Regent anderer Völker, eben dieses sein neues Volk zu einem Stande zu bequemen? Etwa daher: weil sie ihm dies Recht, über ihre Freiheit zu walten, vermöge seiner Uebermacht haben eingestehen müssen? Er hat sie also zu Sklaven gemacht. Sein Wille muß ihr Wille seyn. Das Wie und Warum wird durch Obermacht entkräftet. Das ist hier nicht der Fall. Der Regent sagt zu seinem Volke: Hört! ihr seyd bisher unter einem Oberhaupte gestanden, das euch und eure Cultur

---

b) Die Anzahl der Juden in sämtl. K. K. Staaten beläuft sich nach Angabe auf 340000 Köpfe.

Cultur vernachläßigt. Ihr könnt Euch und mir nützlich seyn. Ich will euch Verordnungen geben, die euren sittlichen Zustand bessern sollen. Ihr sollt bessere Begriffe von eurem Daseyn in einem Staate haben. Ihr sollt endlich Gewerbe, Handlung und andere Vortheile mit meinen schon policirten Völkern gemein haben. Hingegen sollt ihr mir folgendes für das, was ich euch jetzt einräume, leisten: Im Fall ich sollte in Gefahr seyn einen Theil von meinen Staaten einzubüßen, oder sollte Recht haben, auf mehrere Anspruch zu machen, oder sollte Fremden durch ein getroffenes Bündniß zu ihrem Rechte behülflich seyn, so sollet ihr auch mir mit eurem Gut und Blut und euren Nachkommen mit allem Nachdruck beistehen. Solange ihr aber dies mir nicht zu leisten habet, so sollet ihr mir blos eine jährliche Abgabe, wie meine übrige Unterthanen, entrichten. Gefällt euch dieser Vorschlag?

Der Vorschlag scheint vortheilhaft zu seyn und findet bei der Colonie Eingang. Der Regent verläßt sie, entwirft für sie Verordnungen; bereitet Alles zu, was ihnen Gelegenheit geben kann, seinen Zweck zu erreichen.

reichen. Einige Zeit verstreicht. Die Mitglieder der Colonie greifen nach allem noch im Finstern. Nichts festes, bestimmtes gelingt ihnen in Hand und That. Wie durch einen Nebel sehen sie nun auf ihren alten und neuen Zustand, und wanken darin noch immer hin und her. Sie nehmen nur immer die Mittel (ihre Freiheiten), die ihnen von ihrem Regenten ertheilt werden, in Betrachtung, anstatt den Zweck oder die Frucht davon zu genießen.

In dieser Crisis der Colonie muß der Regent ins Feld. Er fordert auch von der Colonie eine Unterstützung von bestimmter Mannschaft. Man fängt nun an auszuheben. Unter den Ausgehobenen entsteht ein Murren. Wir sollen, sagen sie, einem Regenten Pflichten leisten, der sich Andern erst verpflichten wird, ja sich uns vielleicht nie verpflichten möchte. Was zwingt uns dazu? Wahrlich! setzen sie hinzu, wir begeben uns hier selbst unsers Rechts. Wir haben noch nichts von den Pflichten, die er uns schuldig ist, genossen. Unsere Pflichten fangen von jetzt schon an, kein Ziel zu haben.

Der

Der Weiseste unter ihnen steht auf: Lieben Brüder, redet er sie an, achtet ihr euren Stand für einen Stand der Glückseligkeit oder nicht? Ist das erste, so ziehet hin zum Kriege, wo nicht, so bleibt.

Wir bleiben, erwiedern sie; wir finden nicht unsere Glückseligkeit. Wir können nicht aus Pflicht gegen unsern Monarch fechten, nicht aus Pflicht für unser Vaterland. Er legt uns eine Pflicht auf, die wir nicht kennen, und die wir eher nicht befolgen können, bis er uns ein Regent wirklich ist. Jetzt wenigstens glauben wir, er achtet uns als Menschen, denen er keine Pflicht schuldig ist. Er bricht über unsere Menschheit den Stab, und wir thaten also den ersten Schritt zur endlichen völligen Sklaverei unserer Kolonie.

Das läßt sich aber nun von selbst einsehen: je länger der Krieg dauern wird, desto wichtiger wird er, um so mehr wird aber der Regent, nach Verhältniß, uns auffordern, unser Gut und Blut pflichtmäßig ihm aufzuopfern. Dies kann nun kein Ziel haben, und so kann die ganze Kolonie ihr Recht gegen den Regenten ver-

verlieren. — Dann kann er alles umwenden; kann uns für Söldner blos ansehen, die Pflichten nur ihrem Regenten schuldig sind. Kurz, er kann einen Kunstgriff anstellen, wodurch die mehresten Regenten zu ihren stehenden Armeen gelangt seyn mögen.

Wahrlich, werthester Freund, Sie werden selbst gestehen, daß keine vernünftigere Apologie für das Naturrecht einer Colonie und also für den Juden gesagt werden kann.

Der Kaiser hat den Juden alle schon erwähnte Rechte eingeräumt, sie aber sind noch kaum in dem Genuß dieser Rechte, und der Kaiser befiehlt, daß man unter ihnen Rekruten ausheben soll. — Ein jeder Vernünftige muß hierbei doch Schwierigkeiten finden, wie diese Aushebung zu veranstalten sey. Keine Stände sind bei dieser Nation noch nicht aufgekommen. Bei ihnen macht ein jeder gleiche Ansprüche, sowohl auf natürliche Rechte als Mensch, als auch auf die, die ihnen der Kaiser selbst verliehen. Der Kaiser muß also natürlicherweise alle männliche Subjekte der jüdischen Nation gleich fähig zur Aushebung erklären. Ausheben heißt

heißt aber: eine gewiſſe Anzahl Menſchen aus einer jeden Stadt oder einem jeden Diſtrikte, nach Verhältniß ſeiner Population genommen, zu einem gewißen Behufe herbei ſchaffen. Nun frage ich: nach welchem Plan vollführt der Kaiſer dies ſein Vorhaben? Mit welchem Rechte wird er eben auf dieſe Anzahl Perſonen, die er aushebt, jetzt Anſprüche machen können, und nicht auf eine andere? Der Kaiſer hat aber hier doch nach einem Plan verfahren, der den feinſten Menſchenkenner verräth, der aber die ganze Nation in eine Schlinge zieht, der ſie mit der Zeit nicht wird entgehen können.

Der Kaiſer, um ein Verfahren auszuführen, das er als Verweſer der menſchlichen Rechte nicht ſo ganz billig fand, gebrauchte einen Kunſtgriff, den man ſchon in mancher Republik angewendet, um eine Nation, die in mancher Rückſicht in republikaniſcher Verfaſſung iſt, nach ſeinem Willen zu behandeln. Er wußte, daß ſeine jüdiſche Nation aus zweien Claſſen beſtand: aus Bemittelten und Armen. Das war er verſichert: daß der erſte Theil dem andern nicht

nicht an Zahl gleichkommt, aber dannoch vermöge seiner Autorität das Uebergewicht hat. Er wußte, daß unter diesen Wohlhabenden wiederum der größte Theil aufgeklärte Männer wären, die sich nicht blos dem Schritte widersetzten, sondern ihn auch schon gelegentlich gebilligt haben.

Die reichen Juden betrachten sich als Patrizier ihrer Nation. Sie wollen auch gern auf jede Würde und auf jeden Rang im Staate Anspruch machen. Sie wollen sich daher gern zur christlichen Constitution bequemen. Sie machen daher unaufhörlich dem verarmten Theil ihrer Nation den Vorwurf: daß sie träg und nachläßig sind. Sie könnten dem Staate wichtige Dienste leisten, anstatt sie ihm und ihnen zur Last liegen.

Mit dieser Denkungsart der Juden war der Kaiser sehr wohl bekannt. Er suchte also seinen Plan so auszuführen, daß er denjenigen Theil, der bei ihnen Gewicht hat, das sind die Reichen, aus seinem Plane auszuschließen schien. Und so erreichte er seinen Zweck ohne viel Schwierigkeiten, den er endlich einst bei der ganzen Nation ausführen kann.

D Die

Die Reichen sind dabei hinters Licht geführt. Indem sie sich schmeicheln, eine Ausnahme im Plane zu machen, begeben sie sich selbst ihrer Rechte, und indem sie glauben, ihren Eigendünkel und Stolz nun befriedigen zu können; so werden sie das Gegentheil erfahren.

Ihre Ungerechtigkeit wird sie der Kaiser einst selbst büßen lassen. Auch der Kaiser wird einst den Plan, bei dem sie scheinen eine Ausnahme zu machen, auf sie erstrecken. Mit welchem Rechte wollet ihr eine Ausnahme machen? wird er sie fragen. Euer wohlhabender Stand nimmt mir nicht mehr Rechte, als ich bei euren armen Religionsverwandten handhabte. Ihr habet alle gleiche Rechte bekommen, ihr müsset mir daher auch Pflichten leisten, zu welchen ihr euch alle einverstanden habet.

Nach diesem Plane hat der Kaiser angefangen zu verfahren, und wird, das sag ich gewiß, so weiter fortfahren. Die jüdische Nation, die nun glaubte, wie schmeichelhaft der Schritt des Kaisers für sie sey, stehet nun,

nun, nach dem Plan wie er befolgt zu seyn scheint, das Gegentheil.

Ich kann daher mit Gründen behaupten, daß es erstens von der jüdischen Nation unüberlegt und nachläßig gehandelt sey, eine Rekrutenaushebung billigen zu wollen. Die jüdische Nation hätte diesen Schritt betrachten sollen, als wären alle ihre Mitglieder dazu aufgefordert, dann hätten sie tüchtige Gründe dem Schritte des Kaisers entgegensetzen können. — In unserer Colonie, hätten sie sagen müssen, muß jeder Anspruch machen können auf gleiche Rechte. Da sich die Mitglieder derselben noch nicht durch eine Reihe von Begebenheiten, einer vor dem andern, mehrere Ansprüche erlauben können; so kann auch nicht einer zu einem Schritte gezwungen werden, zu welchem derselbe nicht alle gezwungen sieht. Geschieht aber das letztere, so beraubt man uns der Rechte einer neuen Colonie. Ihre Mitglieder müssen sich zu verschiedenen Zwecken bequemen und dadurch zu verschiedenen Ständen bilden, und müssen nicht zu einem Zwecke nur gebraucht werden, um einen Stand nur auszumachen,

der

der sie aber der Aussicht beraubt: ihre folgende Glückseligkeit allmählig zu erweitern.

Daß sie aber den Schritt des Kaisers als eine Aufforderung an alle ihre Mitglieder ansehen sollen, versteht sich von selbst, denn er ist es wirklich. Welches Ziel hat der Kaiser in der Rekrutenaushebung unter den Juden? Keines! Er kann sie bis auf den letzten Mann fortsetzen, und durch diese erst sich angemaßte Gewalt und Uebermacht bestärkt, ihre allgemeine Rechte sehr beschränken. Er kann, zum Beispiel, die ganze Nation als einen Canton ansehen, aus welchem er, ohne Unterschied, Mannschaft für seine stehenden Armeen ziehen kann, u. m. dergl. Daß dies aber ein Eingriff in die Rechte ist, die sie mit einer vorgefundenen Colonie gleich haben, werden Sie, mein Freund, nun selbst einsehen können.

Der Kaiser, werden jene Juden sagen, hat noch nicht seinem Schritte eine solche Wendung gegeben, daß wir wirklich davon etwas zu befürchten haben. Also glauben auch sie, daß der Soldatenstand nicht die allgemeine Glückseligkeit einer Colonie ausmacht? Also

befürch-

befürchten sie selbst, daß dadurch ihrer fortschreitenden Cultur Eintrag geschehen möchte? Daß sie dadurch in vielen weiten und fruchtbaren Aussichten ihrer Glückseligkeit beschränkt werden? Nun so hätten sie auch auf ihre arme Mitbrüder bei so bewandten Umständen diese Bedenklichkeit anwenden sollen. So hätten sie auch da denken sollen, daß der Soldatenstand nicht die Glückseligkeit eines Jeden ausmachen wird, und daß ein jedes Individuum eine besondere Aussicht für seine Glückseligkeit haben würde. So hätten sie auch da denken sollen, daß es vernünftiger ist, einem Baum, wenn er erst Zweige und Blätter hat, eine Form zu geben, als wenn er noch völlig davon entblößt ist. Ja, daß es im Anfange besser ist, einem jeden Zweige und einem jeden Blatte Freiheit zu geben, sich an allen Orten auszubreiten, um ihm alsdenn eine jede gefällige Form geben zu können. Auch der Kaiser hat bei der noch frühzeitigen Entwickelung der jüdischen Bildung schon angefangen, ihnen, um bei dieser Parabel zu bleiben, ihre Blätter zu nehmen; er wird endlich ihre Zweige beschneiden, und der ganze Stamm wird vielleicht im Kurzen

einen

einen auffallenden Anblick gegen die Hoffnungen, die man sich ehemals von ihm machte, gewähren: —

Nun, lieber Freund, glaube ich hinlänglich gezeigt zu haben: ob der Jude itzt Soldat seyn soll? — Ich habe den Schritt des Kaisers, als auch das Betragen derjenigen, die für oder wider ihn eingenommen sind, genau erörtert; und hoffe, hinlänglich gezeigt zu haben: daß der Schritt des Kaisers seine unbillige Seite hat; daß die Widersacher und Anhänger desselben sehr unbedachtsame Gründe zur Vertheidigung vorbringen; daß aber die Forderungen der Erstern zu entschuldigen sind; allein die der Letztern sehr nachtheilig für die ganze Nation seyn können.

Dieser unbillige Schritt des Kaisers, der sich doch ohnfehlbar mit seinem großen Zweck vereinigen soll, kein Glied in seinem Staate unbenützt zu lassen, und ein Jedes zu solchem Grade von Cultur zu erheben, daß es das Seinige zum Wohl des Ganzen beitragen kann, wird ihm in dieser Rücksicht mehr zum Nachtheile als zum Vortheile gereichen.

Der

Der Kaiser, der in seinen Staaten die Cultur so bald als möglich zu verbreiten sucht, wird bei der jüdischen Nation seinen Vorsatz wo nicht je ausführen, jedoch nicht so geschwind und mit solchem Erfolge, wie bei seinen übrigen Unterthanen, erreicht sehen, und dies behaupte ich vorzüglich wegen des Entschlusses, den er gefaßt, sie auch in seinen Kriege zu nützen.

In der That, mein Lieber, der Entschluß des Kaisers muß auf diese Nation einen sonderbaren Eindruck gemacht haben. Er muß ihre etwanige Zuneigung gegen das System des Kaisers ganz erkältet, er muß ihrer Denkungsart eine neue Richtung, die sie noch nicht hatte, gegeben, und muß ihren Thätigkeitsgeist von neuem völlig erstickt und in Verwirrung gesetzt haben; so

Bei der Gewalt, die noch gewisse Vorurtheile und phantastische Meinungen, die mit dem ächten Judenthum in Verbindung endlich gebracht wurden, über ihre Gemüther haben, können nichts als schmeichelhafte Hoffnungen ihren Geist aufklären, und ihnen

D 4   Rei-

Neigung für die gute Sache ihrer bürgerlichen Verbesserung einflößen. Mit so vielem Widerwillen auch von ihnen die Verordnungen des Kaisers aufgenommen worden; so hätten sie endlich allen Eingang gefunden. Vorzüglich ist dies der Fall von denjenigen, die der Kaiser wegen ihrer Erziehung ergehen ließ.

Obgleich orthodoxe Eltern ihre Kinder, durch den vom Kaiser verordneten Erziehungsplan fürchteten, von ihrem Glauben abwendig gemacht zu sehen, so sind doch nicht alle so gesinnt gewesen, daß sie dieser Meinung mit aller Formalität anhingen; sondern verschiedene hatten vielmehr den Grundsatz: daß eine gute Erziehung keinen Eintrag in den jüdischen Glauben thun wird. Solche Eltern nun, die ihren Kindern eine solche gute Erziehung wollten angedeihen lassen, gab es gewiß verschiedene; und diese hätten es endlich bewirkt, daß mehrere Eltern sich zu diesem Schritt mit mehrerem Trieb entschlossen hätten. Die Fortschritte, die jene Kinder gemacht haben, müßte die Nation auf das Höchste belohnt sehen. Man hätte die Ehr-

begierde

begierde unter den Eltern selbst rege machen
müssen, durch Aufmunterungen und ausge-
theilte Preise an die Kinder, und das
hätte endlich dem neuen Systeme mehr Anhänger verschafft. Durch solche schmeichelhafte Aussichten der Eltern hätte sich der
Trieb der Thätigkeit in den Kindern selbst
weiter ausgebreitet. Ein jeder junge Spröß-
ling hätte gesucht, endlich dem Staate und
sich so nützlich zu werden, als möglich; er
hätte mit seinen Vortheilen auch nun die des
Staats zu vereinigen angefangen. Da hätte
man aber noch an keine Reformation ihres Glaubens denken sollen; da hätte man
aber noch nicht Bürgerpflichten hervorsuchen
sollen, die auszuüben der Nation Schwie-
rigkeit macht, die sie mit ihrem hochgehalte-
nen Glauben in Collision bringen; man
hätte noch immer einige Bürgerpflichten ihren vorgefaßten Meinungen und groben Vor-
urtheilen aufopfern sollen; man hätte noch
immer den jetzigen Juden ihr System sollen
beibehalten lassen, und nach und nach auf
diejenigen nur Rücksicht nehmen sollen, die sich
darinn zu schicken anfangen. — So hätte aber
endlich durch die allmählig zugelassene Strahlen

len der Aufklärung ein größeres Licht verbreitet werden können; der Eindruck des alten
Systems hätte sich nach und nach vermin-
dert, und in einem Zeitraum von einigen
Jahrzehnden hätte man Bürgerpflicht über
Aberglauben und Vorurtheil unter den Juden den Stab brechen sehen.

Man will aber schon da Folgen sehen,
wo noch kein Grund dazu vorhanden; man
will schon da Handlung sehen, wo noch keine
Leidenschaft in Bewegung gesetzt worden;
man will schon jetzt von einer Nation Fortschritte erwarten, deren Cultur nicht allein
in ihrer Kindheit ist, sondern deren Ausbrei-
tung nur unter ihren Kindern veranstaltet
werden kann. Von den jetzigen Juden Cultur erwarten, ist vergebliche Hoffnung, und
man wird es weit gebracht haben, wenn sie
sie ihren Kindern werden zukommen lassen.

Herrn Kling, mit dem ich nun hier wieder ein Paar Worte sprechen muß, ist dieß so
auffallend, daß die jüdische Nation, doch immer in Rücksicht der Rabbinen, denen er Alles so gern zur Last legen will, auch der vom

Kaiser

Kaiser verordneten Erziehung ihrer Jugend so viel Schwierigkeiten entgegensetzte. — Dies ist nun ein Phänomen, das mir gar nicht auffallend ist. Eine jede Neuerung macht Aufsehen, interessirt, erregt Widerspruch, wenn ihre Vortheile nicht gleich einleuchtend sind; um so mehr muß es eine Neuerung thun, die völlig die alte Constitution verdrängen will; destomehr muß eine Neuerung Widerstand finden, die völlig dem Aberglauben und den vorgefaßten Meinungen, womit die Juden reichlich versehen sind, und woraus das Nachtheilige ihrer Constitution bestehet, entgegenarbeiten soll.

Dies ist doch aber nicht bei den Juden allein der Fall, sondern bei einer jeden Nation, der man ihre vorgefaßte Meinungen entkräften will. Man weiß, um einen Fall anzuführen, der noch in frischem Andenken ist, welchen Widerstand die Einführung des neuen Gesangbuches in den preußischen Staaten machte, da, wo Friedrich der Große schon längst die Fackel der Aufklärung leuchten ließ.[i] Man weiß selbst,

welchen

[i] Berlinische Monathsschrift M. April 1784, S. 351.

welchen Widerstand die Toleranz, die Kaiser Joseph in allen Staaten zu verbreiten suchte, fand und noch oft findet.

Er klagt aber auch die Nation an, wegen des wenigen Einganges, den gewisse Ideen ihrer aufgeklärten Schriftsteller fanden. Er macht ihnen Vorwürfe, daß die wichtigen, vernünftigen und gut gemeinten Vorschläge ihrer aufgeklärten Zeitgenossen nicht blos mit Kaltsinn, sondern mit Widerwillen und Verachtung sind zurückgelegt worden. Fürwahr! dergleichen Beschuldigungen zeigen, daß Herrn Klings Menschenkenntniß nicht weit hergeholt seyn muß.

Die Erfahrung giebt es jetzt noch an die Hand, wie langsam Schriften wirken. Man kann sich von ihnen da nur etwas Wichtiges versprechen, wo Thätigkeit des Geistes, innerer Trieb zur Aufklärung vorgegangen ist; allein da, wo dies nicht statt findet, ist Schriftsprache unwirksam, ja oft gar nachtheilig. Sie wirkt so lange, als man sie liest, und eine jede lebhafte Bewegung, ein jeder mündlich vorgebrachter Einwurf ihrer Gegner verlöscht
gleich

gleich ihre ganze Wirkung. Schriften muß man blos als Pendant zur Thätigkeit des Geistes ansehen, sie müssen blos die Lücken ausfüllen; allein von ihnen erwarten, daß sie den Grund selbst legen sollen, das ist vergeblich. Selbstdenken und Selbsthandeln bildet den Geist zur Aufklärung und Industrie, und durch Schriften sucht er sich alsdenn selbst zu unterhalten. Die Alten, so bekannt sie auch mit der Schriftsprache waren, haben sie doch nie in dieser Rücksicht gebraucht: auf ihre Nation im Denken und Handeln dadurch zu wirken, als erst zu der Zeit, wo Denken und Handeln ihr eigen war. Ihre Weisen hörte man in den frühesten Zeiten öffentlich ihre Systeme und Meinungen vortragen, ihre Staatsmänner öffentlich über Angelegenheiten der Nation sprechen. Daher wirkten sie auch auf die Herzen, daher hatten sie bald Legionen von Anhängern, die sie aber auch eben so bald in Gefahr standen, wieder zu verlieren, wenn ein anderer durch seine Beredtsamkeit und Gründe, die er darlegte, auf den Geist der Nation von neuem wirkte. Mündlicher Unterricht wirkt mehr als geschriebener, lebendige

dige Sprache mehr als Schriftsprache. Für
beide sind aber auch schon die Geisteskräfte
der jetzigen Juden stumpf, um daß sie bei
ihnen Eingang finden sollten. In keinem
Falle kann man von den jetzigen Juden erwarten, daß sie neuen Gründen Gehör geben sollen. Man wird es bei ihnen schon
sehr weit gebracht haben, wenn sie nur einigen Gründen Gehör geben, ohne dennoch
für ihre Person selbst die Nutzanwendung zu
machen, sondern sie eines Theils ihren Kindern angedeihen zu lassen.

Allein der Kaiser hat auch diese Hoffnung durch seinen Schritt von neuem wieder
weit hinaus gesetzt. Die schmeichelhafte
Hoffnungen der Juden selbst haben nun einen
Stoß erhalten, und der geringe Eifer, den
man in ihnen für die gute Sache ihrer bürgerlichen Verbesserung belebt hat, wird nun
ganz unterdrückt seyn.

Der Kriegesdienst überhaupt hat für
diese Nation außerdem noch so etwas Schreck-
liches, als man sich es nur denken mag, daß
er in dieser Rücksicht auch schon genug zu ihrer

rer Verstimmung beitragen kann! — Allein,
wen kann das wundern? — Ich weiß es,
daß oft von Unvernünftigen der Vorwurf,
auch noch in unserer Zeit, den Juden gemacht
wird: daß sie zu großer That und Handlung
unfähig; daß sie zu Handlungen, die Stärke
und Größe des Geistes erfordern, ohnmäch-
tig sind, und daß sie überhaupt zur Cultur
wenig Geisteskräfte besitzen; allein das sind
auch nur Vorwürfe von denen, die nie über
Natur und Geschichte des Menschen nach-
gedacht haben.

Das Schicksal der jüdischen Nation in
ihrer Größe und ihrem Verfalle ist mit dem
aller Völker alter und neuer Zeit gleich.
Unterdrückung zeugt Kleinmüthigkeit des
Geistes; Verachtung unterdrückt jeden Keim
von Sittlichkeit und Bildung; Verfolgung
einen jeden Keim von Moralität. Keine
Nation ward mehr verfolgt, verachtet und
unterdrückt, als die jüdische. Ohnfehlbar
mußte auch ein solches Verfahren ihren Charakter mehr entstellen, als der einer verfalle-
nen Nation je entstellt ward. Ihre körper-
liche Kräfte sind aber daher auch ganz ent-
nervt,

herrn, und Entschlossenheit des Geistes sucht man folglich bei ihnen vergebens. — Da der ächte Jude sich wenige Glückseligkeit in dieser Welt versprechen darf: so handelt er immer in Rücksicht seiner ewigen Glückseligkeit. Milde Beiträge für die Armen, öffentliche Veranstaltungen, wirksame Mittel zur Minderung des Elendes unter ihren Nothleidenden, das ist der Charakter ihres Thätigkeitsgeistes, und weiter hinaus mag er sich nicht erstrecken.

Der Kriegesdienst nun, der einen ganz entgegengesetzten Charakter, wo nicht stets, doch in Kriegeszeiten meistens erfordert, muß daher für sie eine Beschäftigung seyn, welche die widrigsten Eindrücke bei ihnen macht, eine Beschäftigung, der sie sich mit allen möglichen Einwendungen zu entziehen wünschen müssen. Und da sie sich dennoch, vermöge des kaiserlichen Entschlusses, dazu gezwungen sehen: so muß das eine gänzliche Abneigung bei der ganzen Colonie gegen das neue System erregen.

Dieser Zwang aber muß nicht blos einen solchen Einfluß auf ihren sittlichen Charakter haben,

haben, der in seiner Blüthe dadurch ohnfehlbar zu ersticken befürchten läßt, sondern auch auf ihre Denkungsart, die nicht blos in ihre alte Verfassung zurückfällt, sondern darin zu beharren und um sich zu greifen befürchten läßt.

Zwang läßt sich nie der Geist auflegen. Die Sitten einer Nation müssen nie durch Gesetze allein wollen verändert werden. k) Die Folgen, die daraus entstehen, sind: daß im Menschen Halsstarrigkeit und Fühllosigkeit Wurzel fassen, und dann ist jedes heilsame Mittel vergeblich. — Die jüdische Nation,

---

k) Der große Montesquieu sagt daher „Ainsi lorsqu'un Prince veut faire de grands changements dans sa nation, il faut qu'il reforme par les loix ce qui est etabli par les loix & qu'il change par les manières ce qui est etabli par les manières: & c'est une tres-mauvaise politique, de changer par les loix, ce qui doit être changé par les manières. Und weiterhin: En general les peuples sont très-attachès a leurs coutumes; les leur oter violement c'est le rendre malheureux: il ne faut donc pas les changer mais les engager & les changer eux-mêmes. De l'Esprit de loix LXIX. Ch. XV.

Nation, die sich vom Kaiser zu einem Stan⸗
de gezwungen sieht, wird ihm auch mit
Zwang dürftig Genüge leisten. Sie wird
sich ihm gänzlich überlassen. Die meisten
werden sich als aufs Aeußerste gebrachte
Menschen betrachten, die sich in ihr Schick⸗
sal finden müssen. Allen Vorwürfen, die ih⸗
nen Aberglauben und vorgefaßte Meinung
machen, werden sie dadurch zuvorkommen.
Ihre innere Glückseligkeit werden sie unver⸗
letzt lassen, allein taub und fühllos werden
sie gegen jeden Vorschlag, gegen jede gut ge⸗
meinte Verordnung des Staats seyn, wo
ihr Wille am meisten wirksam seyn muß.
Dies ist das Gelübde, das sie ihrem von ih⸗
ren Eltern ererbten Glauben machen werden,
und zu dessen Vollziehung sie sich, mit Auf⸗
opferung der größten Glückseligkeiten dieses
Lebens, stets bereit werden finden lassen. Sie
werden sich entschließen, Märtyrer ihres
Glaubens seyn zu wollen, und werden sich
endlich bereit finden, dem gewissesten Tod
mit Entschlossenheit entgegen zu gehen.

Der Einfluß, den sie durch diese Den⸗
kungsart auf ihre Kinder haben werden, wird
hin⸗

hinlänglichen Eintrag in den Fortschritt ih=
rer Bildung thun. Anhänglichkeit der Kin=
der an ihre Eltern ist groß; und wenn
beide gleich in Grundsätzen nicht übereinstim=
men können, so sympathisiren sie doch in
Empfindungen. Lebhafte Darstellung, eif=
rige Anrede der Eltern wird wirksam genug
seyn, den Kindern, die so manche schöne
Frucht von der kaiserlichen Sorgfalt erwarten
lassen, wo nicht Eintrag in ihre noch wan=
kende Grundsätze zu thun, dennoch eine ge=
wiße empfindliche Anhänglichkeit an den
Grundsätzen der Eltern hervorzubringen, die
den ganzen Fortschritt ihrer Bildung auf=
halten wird.

Die Thätigkeit der Seele muß immer
in Bewegung gehalten werden, sonst muß
man befürchten, daß ihre ganze Schwung=
kraft erschlafft. Trägheit ist die Folge einer
allzu langen Ruhe der Seele; allein Ver=
wirrung ist die Folge des Widerspruches in
Empfindungen und Grundsätzen. Dies wird
der Fall bei den Juden seyn: nicht gänzliche
Trägheit wird bei ihnen entstehen, sondern
reelle und methodenmäßige Bildung wird bei
ihnen erstickt werden; und allgemeine Ver=
wir=

wirrung, nicht blos durch den Widerspruch der Grundsätze ihrer erwachsenen Mitglieder mit dem ihrer Jugend, sondern durch den Widerspruch der Grundsätze und Empfindungen dieser Jugend selbst, entstanden, wird ihrer Cultur einen wichtigen Stoß geben.

Man weiß aber, wenn Leidenschaften mit Grundsätzen in stetem Widerspruch sind, welche Folgen zu befürchten stehen. Man weiß, welchen geringen Einfluß unsere Grundsätze auf unsere Handlungen alsdenn haben; so daß wir alsdenn jenen bekannten Spruch des Dichters anführen können: meliora proboque deteriora sequor. Dann ist aber jede heilsame Verordnung vergeblich; dann ist jeder wohl überlegte Plan nicht anwendbar. Die Nation schmachtet wie ein Mensch, der den Grundsätzen treu bleiben will, welche seine Leidenschaften zu bestreiten suchen.

Hieraus kann man nun erwägen, daß die Bildung, welche die Nation während dieses Streits zwischen ihren Grundsätzen und Handlungen dennoch erhält, auf allen Seiten fehlerhaft seyn muß, und daß aus dieser sich wieder ein Charakter bilden wird, der für die Nation nicht

nicht vortheilhaft seyn kann. Mangelhafte Bildung gewöhnt endlich auch den Mensch nach Grundsätzen zu handeln, allein die Grundsätze sind so schief und verderblich, daß man alles von ihnen befürchten darf. — Wie schädlich es daher für die Jugend der jüdischen Nation ist, sie in ihrer fortschreitenden Bildung zu stören, wie leicht sie, durch empörte Leidenschaft und durch Anhänglichkeit, auf falsche Grundsätze kann geführt werden, und welchen nachtheiligen Einfluß auf ihren ganzen Character ein solcher Grad ihrer Bildung haben kann, dies sollte einen jeden von der nachtheiligen Seite des kaiserlichen Schrittes überzeugen.

Der rüstige Thätigkeitsgeist des Kaisers wird leider in der Folge da Schwierigkeiten finden, wo er es nicht vermuthet hätte. Er wird an seinem Plane hier Auswüchse und dort Lücken finden, die er nicht erwartet hätte, und da einen Aufenthalt, wo er glaubte, seinen Vorsatz ohnfehlbar durchzusetzen. [1)]

Um

[1)] Ueber den Fortschritt und Aufenthalt der kaiserlichen Verordnungen raisonirt der

Ver-

Um eine Nation für eine Verordnung einzunehmen, muß man sanfte Mittel anwenden, die nach und nach wirken: diese hat der Kaiser anzuwenden verabsäumt; er hat ihnen im Gegentheile eine Abneigung dawider eingeflößt. Um einer Nation eine andere Richtung im Denken zu geben, muß man ein jedes Mittel, das in hellen Flammen die alte Denkungsart wieder hervorbrechen läßt, vermeiden: der Kaiser hat im Gegentheile dazu Anlaß gegeben. Um eine Nation in einer absichtlichen Thätigkeit zu erhalten, muß man Alles anwenden, um sie nicht darin zu stören, oder sie mit einer andern in Collision zu bringen. Das Gegentheil hat aber der Kaiser durch seinen Schritt bewirkt.

Dies war das Nachtheilige, worauf ich Sie, lieber Freund, aufmerksam machen wollte.

Verfasser des zweiten Theils des Faustins S. 47 vortreflich, der am politischen Beobachtungsgeist gewiß seinen Vorgänger, als den Verfasser des ersten Theils, übertrift, der in Charakterzeichnung wiederum vortreflicher ist.

wollte. Meine Anmerkungen deßhalb hätten fruchtbarer ausfallen können, wenn man sich in einem Briefe auf das Umständliche einer Abhandlung gefaßt machen dürfte.

Wunder versprechen sich doch aber unsere perfistirende Reformatoren der jüdischen Nation von dem kaiserlichen Schritte. Sie sehen schon bei den Juden eine völlige Reform im Glauben und in Sitten. Sie sehen bei ihnen schon alle Fortschritte der Cultur und Industrie, und den Einklang der verschiedenen Stände in ihrer bürgerlichen Verfassung.

Der Kaiser, der immer diejenigen Plane vorzieht, die ihm am nächsten seinen Zweck erreichen helfen, glaubt auch bei der jüdischen Nation durch diesen Schritt seinen Zweck geschwinder zu erreichen: sie zu patriotischen Bürgern und getreuen Unterthanen umzuschaffen. Allein ich glaube nicht, daß der Plan des Kaisers den zu erwartenden Endzweck erreichen wird.

Sie erinnern sich ohnfehlbar, bester Freund, was ich oben festgesetzt: daß es billig

billig ist, daß ein Regent sicherst seinen Unterthanen verpflichte, ehe er von ihnen hinlängliche Pflichten erwarten sollte. Die Vortheile daraus aber fließen der Nation nicht allein zu, sondern auch dem Regenten. Wohlthaten, die wir genießen, feuern uns an, sie zu erwiedern, beleben in uns den Geist der Wohlthätigkeit; und wenn wir nicht vermögend sind, ihn darzuthun; so beschäftigt er stets unsere Phantasie, daß er uns endlich eine Neigung einflößt, die man Moralität nennt.

Die politische Moralität, oder das Bewußtseyn gewisser Pflichten, die man dem Oberhaupte zu leisten sich schuldig hält, geht bei einer Nation erst in Enthusiasmus, und dann in Aufklärung über. Der Enthusiasmus, (versteht sich in politischer Rücksicht) der bei einer Nation durch die lebhafte Vorstellung gewisser empfangener Wohlthaten von der obersten Macht, und durch das Bewußtseyn gewisser schuldiger Pflichten gegen sie, sich entwickelt, ist für den Monarch sehr vortheilhaft. Seine Unterthanen sind für ihn eingenommen, sie bilden sich gewisse Pflichten,

ten, die sie ihm zu leisten stets bereit sind. Es entsteht ein gegenseitiges Band zwischen dem Regenten und seinen Unterthanen. Seine Vortheile fangen sich an mit den ihrigen zu verknüpfen, und daraus entsteht Anhänglichkeit, und zuletzt beinahe blinder Gehorsam der Unterthanen gegen den Regenten.

So lange das Volk noch in diesem Enthusiasmus ist, ist es in der Jugend seiner Bildung, und da kann es alle Formen und Anlagen seiner künftigen Glückseligkeit annehmen, hingegen auch wieder solche, die dieser entgegenarbeiten können. Wenn ihm der Regent nur Anlaß giebt, daß dieser Enthusiasmus erkalten kann, denn läuft er Gefahr, daß es seine ganze Moralität aus den Augen verliert.

Ein anders ist es mit der Auffklärung. Um moralisch zu seyn, ist es nicht nothwendig, aufgeklärt zu seyn. Moralität kann sehr wohl ohne Auffklärung bestehen, allein nicht ohne einen gewissen Grad von Enthusiasmus. Um schuldige Pflichten zu leisten, müssen wir für den eingenommen seyn, dem wie sie leisten sollen, indem wir uns eine lebhafte Vorstellung von den durch ihn genossenen Wohlthaten machen. Kann aber die Aufklärung ohne Moralität bestehen? Gewiß nicht! — Aufgeklärt seyn, nenne ich: das Vermögen, eine vernünftige Beurtheilung gewisser Handlungen und Meinungen anzustellen. Finden wir nun diese übereinstimmend mit unserer Moralität, so billigen wir sie. Aufklärung besteht in einer Neigung der Seele, da die Vernunft zu gebrauchen, wo der Enthusiasmus die Phantasie gebraucht. Gründet sich nun diese Neigung auf moralische Grundsätze, oder strebt sie immer die Moralität zu erkennen, und nicht, wie der moralische Enthusiasmus, blos zu fühlen: so hat man von einer solchen Aufklärung noch mehr Vortheil zu erwarten, als von dem Enthusiasmus. Der leidenschaftliche Mensch kann sich keine Gränzen setzen, allein wohl der vernünftige. Wer seine Moralität durch die Vernunft zergliedert,

kann

kann die größten Fortschritte in der Aufklärung machen, und kann durch seine moralische Grundsätze alsdenn seiner Vernunft sehr wohl Gränzen setzen.

Wenn ein Volk so von enthusiastischer Moralität zur aufgeklärten übergeht: so können das Volk und der Regent sich beiderseits Glück wünschen. Das Volk erhebt sich zum höchsten Grade seiner Cultur, und der Regent zum vollkommensten Muster seines Ranges. Ihre gegenseitige Pflichten werden sich in größter Harmonie vereinigen und auflösen, und werden ein Ganzes bilden, das so leicht keiner Verstimmung wird ausgesetzt seyn.

Aus dieser Einleitung werde ich Ihnen nun zeigen, lieber Freund, daß der Kaiser diesen Weg bei der Cultivirung seiner Juden nicht eingeschlagen hat, und daß er daher seinen Zweck bei ihnen auch nicht erreichen wird.

Die

Die politische Moralität, die der Kaiser auch bei der jüdischen Nation zu verbreiten suchte, hat die besten Fortschritte erwarten lassen. Der Enthusiasmus, den sie schon angefangen gegen ihren Regenten zu haben, hätte die glücklichsten Früchte getragen. Die Wohlthaten, die ihnen der Kaiser erzeigt, haben auf sie starken Eindruck gemacht; allein doch noch nicht so stark, daß sie auf ihren Character eben den Einfluß haben sollten, den sie auf seine übrige Unterthanen schon gehabt haben.

Der Kaiser hätte daher schon vermuthen können, daß ein Vorfall, der seine Unterthanen in Enthusiasmus versetzen kann, dennoch die Juden ganz kaltblütig lassen könnte. Sie aber dennoch schon für solche Enthusiasten anzusehen, wird den kleinen Grad von Enthusiasmus, welchen ihnen der Kaiser schon für sich eingeflößt, gänzlich erkalten, und läßt vielmehr befürchten, daß er einen andern Ausweg nimmt.

Die

Die Wohlthaten eines Andern allein, nicht dessen Gesetze, können uns in Enthusiasmus versetzen. Jene wirken auf unser Herz, allein diese auf unsern Verstand. Deshalb behaupte ich auch, daß Gesetze uns zwar aufklären, allein nicht moralisch besser machen. *m*)

Deshalb wird auch der Kaiser seine Juden durch seine Gesetze aufklären, allein nicht moralisch besser machen. Er wird ihrer Denkungsart eine andere Richtung geben, allein nicht ihrem Thätigkeitsgeist. Er wird sie vorurtheilsfrei machen, aber nicht politisch gut. Oder glaubt man, daß es da, wo

Auf-

---

m) Ein Gesetz, welches abzweckt, die Menschen moralisch besser zu machen, wirkt es nie wirklich, und sie werden dadurch nur abgehalten, moralisch schlechter zu werden. Wenn man jemanden zwingt, moralisch besser zu seyn, so wird er um so schlechter, je bequemer, oder so bald er den Zwang ablegen kann, oder abzulegen Anleitung erhält.

Aufklärung herrscht, bessere Menschen giebt? Freiere, wirksamere Menschen schafft Aufklärung, allein gewiß noch nicht bessere. — Was liegt mir aber daran, wenn ein jeder Mensch das Ziel, das ihm vorgeschrieben ist, mit Grundsätzen zu erreichen sucht, oder mit Neigung? Sobald nur innerer Trieb, was gut und löblich ist auszuüben, vorhanden ist, so kann man schon Aufklärung missen.

Aufklärung ist für den moralischen Menschen erheblich, der sich bilden will; der nicht nach Leidenschaft und Neigung handeln mag; der die Grundsätze kennen will, die die Richtschnur seiner Handlungen seyn sollen. Im aufgeklärten Denken giebt es keine Gränzen; da schweift der menschliche Geist eben so über Natur und Menschlichkeit hinaus, als wenn er im fanatischen Eifer begriffen ist; allein im aufgeklärten Handeln giebt es Gränzen, die der nicht überschreiten wird, der seine moralische Neigungen blos gewissen Grundsätzen untergeordnet hat.

Der

Der Unterschied zwischen aufgeklärt handeln und aufgeklärt denken ist sehr wichtig.
Es kann eine ganze Nation aufgeklärt handeln, ohne aufgeklärt zu denken, wenn ihnen
nur Mittel und Wege von einem Regenten
gezeigt werden, der selbst aufgeklärt ist.
Man läßt ihre Denkungsart unangetastet, und
beschäftiget sich, ihrer Thätigkeit eine solche
Richtung zu geben, die sie von ihrer politischen Moralität nicht abbringt, sondern noch
darin bestärkt, indem sie die Anleitung, aufgeklärt zu handeln, als Wohlthaten aner-
kennt, dadurch bildet man sie zu treuen Unterthanen und patriotischen Bürgern.

Das ist nun der Fehler bei der Reformation der Juden. Man läßt sie nicht aufgeklärt handeln, sondern aufgeklärt denken.
Man erschüttert nicht ihre bürgerliche, sondern ihre religiöse Verfassung. Man befördert nicht ihre politische Moralität durch
jene ächte Wohlthat eines Regenten, sondern
man

man sucht blos durch Gesetze ihre politische Moralität zu befördern. Man zwingt sie zu Neigungen, anstatt ihnen Anleitung dazu zu geben. Dieserhalb wird man nicht so leicht Bürgertugend beim Juden finden, nicht solche Anhänglichkeit an seinem Regenten und Vaterlande, weil er aufgeklärt seyn wird ohne Grundsätze, weil Aufklärung früher bei ihm zu finden war, als politische Moralität, und weil er daher nicht nach Grundsätzen handeln wird, die dem Staate nützlich seyn können, sondern höchstens nur ihm. Man wird daher viele Juden finden, die aufgeklärt denken, allein nicht aufgeklärt handeln werden; und dies nur deshalb, weil man das aufgeklärte Denken auf Kosten seiner politischen Moralität befördert hat.

Der Himmel gebe, daß alle Folgen, die ich aus den jetzigen Umständen der Sachen ziehe, sich anders bestätigen. Allein, meine allgemeinen Schlüsse haben mir einzelne Be-

obach-

obachtungen an die Hand gegeben, und sie
wissen, daß mehrentheils Geschichte der Fa-
ben meines Raisonnements ist.

Hätte man den Juden Anleitung gegeben aufgeklärt zu handeln, und sie nicht zu
Handlungen gezwungen, um aufgeklärt zu
denken: so hätte man sie über kurz oder lang
zu nützlichen Bürgern nicht blos umgeschaf=
fen, sondern sie auch dem Staate und dem
Regenten anhänglicher gemacht, und endlich
getreue und patriotische Unterthanen an ihnen
gehabt: und denn wäre aber auch der Schritt
des Kaisers zur gehörigen Zeit gethan gewesen, dann hätte der Käiser die Früchte seines
vortrefflichen Planes in voller Reife genossen.

Leid hätte es mir gethan, wenn ich hier
nicht auch den weisen Mendelsohn auf meiner Seite haben sollte. Die Citation des
Herrn Kling soll mir zum wenigsten nicht
das Gegentheil zeigen wollen. Herr Kling,

der in seinen Schriftchen so gern mit namentlichen Autoritäten spielt, hat mir ihn so bequem citirt, daß ich keine bessere Stelle zum Beweise herholen kann. „Mich dünkt," sagt dieser Weise: „die Gesetze sollten überhaupt keine Rücksicht auf besondere Meinungen nehmen. Sie sollten ihren Weg unaufhaltsam fortgehen, und das vorschreiben, was dem allgemeinen Besten zuträglich ist; und wer zwischen seinen besondern Meinungen und Gesetzen eine Collision findet, mag zusehen, wie er diese heben kann. Soll das Vaterland (?) vertheidigt werden, so muß jeder hinzueilen, dessen Beruf es ist (?). Die Menschen wissen in solchen Fällen schon ihre Meinungen zu modificiren, und so zu wenden, daß sie mit ihrem bürgerlichen Berufe übereinstimmen. Man suche ihnen diesen Widerspruch nicht zu auffallend zu machen (?). In einigen Jahrhunderten hebt oder vergißt es sich von selbst (??). Auf diese Weise sind die Christen, der Lehre

ihres

ihres Stifters ungeachtet, Weltbezwinger, Unterdrücker und Sklavenhändler geworden, und so können auch Juden zum Soldatendienste tauglich gemacht werden (???)" — Wer sieht hier nicht, wie schielend Herr Kling für sich citirt hat. Er verdiente hier wieder Vorwürfe, wenn mich der Dank nicht davon zurückhielte, den ich ihm schuldig bin: daß er mich der Mühe, eine andere Stelle für mich aufzusuchen, überhoben hat.

Auch ich behaupte mit Mendelsohn, mit allen Rabbinen, mit der ganzen Welt, und denn auch mit dem Herrn Kling: daß der Jude Soldat seyn kann: Allein, daß er es jetzt noch nicht seyn kann und soll, wird auch der behaupten, der meine nachläßig darüber hingeworfene Ideen nur liest. Der Jude soll Soldat werden, wenn er Beruf und Trieb in sich fühlt. Beruf, wenn er politische Moralität hinlänglich angeerbt hat, und Trieb, wenn er seine jetzige Verfassung und

seine

seine vorgefaßte Meinungen nach und nach verlieren wird, werden sich in ihm schon vorfinden, wie in einer jeden andern Menschenrace.

Die jüdische Nation ist bei ihrer Civilisation nur der leidende Theil, und der Kaiser der thätige. Getreue und patriotische Bürger aus ihnen zu machen, ist sein Hauptzweck; er sollte daher kein Mittel fahren lassen, das ihm dazu behülflich seyn kann. Sein jetziger Schritt: unter ihnen Rekruten auszuheben, ist ihm, seinen Zweck zu erreichen, entgegen.

Man macht den Juden eben so zum Soldat, als wenn man einen gemeinen Mensch zum Ritter schlägt, der keine Mittel und Kenntnisse besitzt, einen solchen erhabenen Stand einzunehmen. Der Jude besitzt nicht die Eigenschaften, die zu einem solchen Stande erfordert werden. Er besitzt noch keine hinlängliche politische Moralität, und
die

die Ueberwindung, die es ihm kostet, sich zu jenem Stande gezwungen zu sehen, wird ihn zu einem Sklaven, allein nicht zu einem gehorsamen Unterthan, machen.

Will aber der Kaiser etwa den Juden ihre Auffklärung so fühlbar machen, wie man ihnen ihre Duldung noch beinahe aller Orten fühlbar macht? Das kann er nicht wollen, denn er hat ihnen ja eben die Rechte aller seiner übrigen Unterthanen verheissen. Nun, so schenke er ihnen auch die Rechte, die seine Unterthanen in jenen frühen Zeiten, unter welchen die Verfassung einiger ohnfehlbar mit der, der jetzigen Juden einige Aehnlichkeit hatte, genossen.

Er schenke ihnen die Rechte der Menschheit. Er kläre sie nicht auf, sondern leite sie nur durch seine Aufklärung. Er lehre sie so handeln, daß sie den Vortheil des Staats nicht von dem ihrigen isolirt sehen. Er suche ihnen Anhänglichkeit an seiner Regierung und an dem Staate einzuflößen; wodurch er in ihnen Neigung zu Patriotismus und Bürgertugend erwecke, die jene politische Moralität bildet, wodurch ein jeder Regent seine Unterthanen nur als getreue Bürger und nützliche Mitglieder des Staats erhält.

Die Aufklärung muß sich dann unter ihnen verbreiten, wie die Sonne, die erst dann, wenn die Regenwolken sich ihrer Last entledigt haben, ihr Licht überall ausbreitet. Jetzt verbreitet er sie noch zu zeitig unter ihnen, und er findet eben solche Schwierigkeiten, als wenn die Sonne durch jene Regenwolken hell und klar scheinen wollte.

Dieses sind, werthester Freund, die Ideen, die ich Ihnen über die Frage: „Soll der Jude Soldat seyn?" mitzutheilen werth achtete. — Ich habe Sie nun hinlänglich mit meinem Raisonnement unterhalten, und hoffe das Nehmliche von Ihnen durch ein wichtigeres erwarten zu können. Sollten meine ge-

ring-

ringfügige Ideen hierzu Anlaß gegeben haben, so habe ich meinen Zweck hinlänglich
bei Ihnen erreicht. Nun aber Ihnen kann
ich Erinnerungen, Erläuterungen und neue
Resultate über diese wichtige Materie erwarten, und ich hoffe den Aufwand von Zeit,
den ich meinen Ideen geweiht habe, hinlänglich durch den belohnt zu sehen; den ich ihren
scharfsinnigen Anmerkungen, die ich nun zu
erwarten habe, mit vielem Vergnügen zu
machen denke.

Gern hätte ich Ihrem litterarischen Geiste mehr Beschäftigung gegeben. Gern
hätte ich meine Collectanea öfterer zur Hand
genommen, um Ihnen die Quellen meiner
Ideen, und die Zweifel über manchen
Schriftsteller, dem ich Ihnen zu widersprechen scheinen möchte, näher anzeigen zu können; allein Sie wissen, theurer Freund,
der Gegenstand, der jetzt meine ganze Aufmerksamkeit beschäftiget, ist zu heterogen mit
die-

dieſer politiſchen Materie, daß ich dieſe bei der wenigen Muſſe, die ich ihr weihen konnte, nicht ſo weitläuftig zu behandeln im Stande war.

Begnügen Sie ſich mit dieſem Fragmente, das Ihnen und mir ohnfehlbar angenehmer iſt, als wenn ich Sie bei dieſer einſamen Zeit, die ich jetzt zu verleben anfange, auf einigen Seiten blos mit einer Perſon hätte unterhalten müſſen, die ſich nennt

Ihr

niger Freund.